AF356813

REVUE

ARCHÉOLOGIQUE

PUBLIÉE SOUS LA DIRECTION

DE MM.

G. PERROT ET S. REINACH

MEMBRES DE L'INSTITUT

Marcel REYMOND.

—

UNE FAÇADE DE GIULIANO DA SAN GALLO

POUR LA

BASILIQUE DE SAN LORENZO

PARIS

ERNEST LEROUX, ÉDITEUR

28, RUE BONAPARTE (VIe)

—

1906

UNE FAÇADE DE GIULIANO DA SAN GALLO

POUR LA BASILIQUE DE SAN LORENZO

[1906, I, p. 56-78]

UNE FAÇADE DE GIULIANO DA SAN GALLO
POUR LA BASILIQUE DE SAN LORENZO[1]

La basilique de San Lorenzo, construite par Brunelleschi, a cette mauvaise fortune, qu'elle partage avec la plupart des églises de Florence, de n'avoir pas de façade. Déjà, au XVIe siècle, Léon X avait projeté de terminer l'édifice et avait ouvert un concours auquel avaient pris part les plus grands artistes de l'Italie. Ces efforts n'aboutirent pas et, depuis lors, rien de sérieux n'a été tenté. Il était réservé à notre temps, à un groupe des plus éminents citoyens de Florence, de reprendre cette question avec le ferme désir de la voir aboutir.

Cinquante des plus distingués architectes de l'Italie ont répondu à l'invitation qui leur était faite et ont tenté de créer une façade s'adaptant aux lignes de l'édifice et correspondant au style de Brunelleschi.

Malheureusement le problème était d'une difficulté pour ainsi dire insurmontable et, malgré leur talent, malgré leurs connaissances archéologiques, malgré les ressources de la plus subtile ingéniosité, ils n'ont pu le résoudre. Brunelleschi n'ayant laissé aucun modèle de façade pour une grande église, ils en étaient réduits, pour les lignes générales de leur œuvre, à s'inspirer des parties latérales de la basilique, à continuer sur la façade des corniches qui, très appropriées à la place qu'elles occupent, n'avaient plus la grandeur nécessaire pour être reportées sur une façade, et, pour l'ornementation, ils n'avaient à leur dispo-

1. Une première rédaction de ce mémoire, en italien, a paru dans le *Mar-zocco*.

sition que quelques croisillons de la chapelle Pazzi qui, transportés à S. Lorenzo, faisaient un mauvais effet et étaient inexplicables[1].

Le résultat a été que ces projets, malgré leur distinction et leur élégance, étaient dépourvus de deux qualités inséparables de l'art de Brunelleschi, la grandeur de la conception et la richesse du décor. En fin de compte, c'étaient de jolis exercices d'hommes très habiles, mais ce n'était ni l'art de Brunelleschi ni une façade pour San Lorenzo.

Ce concours n'aura pourtant pas été inutile. On peut dire qu'il était nécessaire. Il aura prouvé qu'il fallait définitivement renoncer à tout espoir de faire revivre le style de Brunelleschi et de trouver pour San Lorenzo une façade quelconque se rapprochant de celle qu'il eût projetée.

Faut-il renoncer à construire la façade de San Lorenzo? Je ne le crois pas, et ce concours, les études et les réflexions qu'il a inspirées, semblent avoir fait apparaître la véritable solution du problème.

Si nous ne pouvons plus retrouver l'art des anciens maîtres du xv⁰ siècle, nous avons cette bonne fortune qu'ils nous ont transmis eux-mêmes leur pensée; si nous ne pouvons plus reconstituer nous-mêmes une façade du xv⁰ siècle, cette façade nous a été léguée par un dessin d'un des plus grands architectes de ce temps, par Giuliano da San Gallo (fig. 1).

En l'exécutant, nous ne ferions plus un de ces pastiches qui ont l'inconvénient d'être sans beauté et de n'avoir aucune signification, de n'être l'expression d'aucun état social ni d'aucune pensée d'artiste.

En adoptant le projet de San Gallo, nous aurions, d'autre part, l'avantage de nous rapprocher du style de Brunelleschi, plus que nous ne pourrions le faire par aucun autre moyen. En

---

1. Je pense que ces croisillons de la chapelle Pazzi sont, non pas de simples ornements géométriques, mais une représentation de la croix de l'apôtre S. André à qui la chapelle est dédiée.

l'absence d'un projet de Brunelleschi, rien ne saurait mieux convenir à San Lorenzo qu'un projet de G. da San Gallo.

Et qu'on ne vienne pas dire qu'il serait impossible d'exécuter ce projet. Il est si précis, si détaillé, si étudié dans les moindres particularités que l'exécution ne rencontrerait aucune difficulté. A vrai dire, il vaudrait mieux que cette façade eût été exécutée par San Gallo, avec des ouvriers du xvᵉ siècle, et sans doute elle ne sera pas aussi belle, aussi parfaite, aussi empreinte du caractère du temps que s'il l'avait exécutée lui-même. Mais, même en tenant compte de cette objection, il n'en reste pas moins que cette façade sera encore plus belle que toutes celles que nous pourrions lui préférer.

Avant d'analyser le projet de San Gallo je dois encore prévoir et réfuter quelques objections.

Le projet de San Gallo a été fait à l'occasion du concours organisé en 1516 par Léon X. Or, comme Michel-Ange prit part à ce concours et que nous avons encore ses projets, on peut se demander pourquoi nous ne les préférerions pas à ceux de San Gallo.

A cela je répondrai qu'il est une raison majeure pour ne pas songer aux projets de Michel-Ange, c'est que ces projets sont restés à l'état de simple ébauche et qu'il ne serait au pouvoir de personne de les compléter. En revanche, le projet de San Gallo est étudié avec le plus grand soin, dans les plus minutieux détails, de telle sorte que l'exécution ne soulèverait aucune difficulté sérieuse.

Il est une autre raison que l'on pourrait invoquer : c'est que le projet de Michel-Ange n'a pas le moindre rapport avec l'art de Brunelleschi et ferait, avec le corps de l'église, le plus extravagant contraste. Michel-Ange, en effet, n'est plus un Florentin, ni un homme du xvᵉ siècle. Ami de Jules II, transporté dans le milieu romain, il n'a plus aucune des pensées d'un artiste du temps de Cosme ou de Laurent. A la finesse, à la délicatesse, à l'élégance florentine, succèdent avec lui la force, la violence, la grandeur de la cour romaine.

Certes, si Michel-Ange avait dressé sur la délicate façade de S. Lorenzo l'énorme muraille qu'il avait rêvée, je ne le regretterais pas. Il ne me déplairait pas de voir réunis là, par le contraste le plus saisissant, l'art distingué des Florentins et l'art brutal de la cour romaine. Il ne me déplairait pas de voir, à côté de la nef de Brunelleschi, souple, gracieuse, svelte comme un corps de jeune fille, se dresser le monstre de Michel-Ange, disant la soif de domination de la Papauté, héritière des Césars.

Mais c'est ici un pur jeu d'esprit. Michel-Ange n'est plus et personne ne saurait faire revivre ses rêves gigantesques.

Il est enfin une dernière question préliminaire qu'il faut résoudre. G. da San Gallo nous a laissé trois projets, trois projets presque aussi bien étudiés les uns que les autres; nous devons faire connaître les raisons de notre choix.

Il en est un où l'église est accompagnée de deux gigantesques clochers. C'est un projet très intéressant, comme tout ce qu'a fait San Gallo, mais qui, plus que les deux autres, s'éloigne de la pensée florentine et se rapproche des idées romaines, des conceptions qui étaient à la mode à Rome au début du xvie siècle dans le milieu des architectes qui travaillaient à Saint-Pierre.

Un autre projet tout à fait différent, tout chargé de bas-reliefs et de statues, est d'une très grande originalité et vraiment les raisons de l'écarter ne sont pas très convaincantes. Si je préfère le troisième, celui que je vais analyser, c'est parce qu'il me paraît mieux s'adapter à la basilique de S. Lorenzo, parce qu'il se rapproche davantage du style de Brunelleschi et parce qu'il représente mieux l'art de G. da San Gallo, dans son véritable caractère, sans aucune trace de l'influence des architectes du xvie siècle. Ce projet, c'est le projet fait par un pur Florentin de la fin du xve siècle qui suit et qui développe logiquement le style créé au début du siècle par Brunelleschi.

De ce que cette façade a été dessinée en 1516, soixante et dix ans après la mort de Brunelleschi, alors que l'architecture avait déjà subi de profondes modifications, il ne faudrait pas conclure, en effet, qu'elle soit très différente du style de Brunelleschi.

G. da San Gallo est l'architecte qui s'est le plus rapproché du style de ce maître, qui l'a le mieux compris et qui lui a donné son développement logique. Il l'a prouvé dans la Madone delle Carceri, de Prato, qui est l'épanouissement idéal de la Chapelle Pazzi. Pendant tout le cours de sa vie, les circonstances ont voulu qu'il travaillât aux édifices mêmes de Brunelleschi. En 1507, il prend part au concours institué pour construire la galerie du tambour du Dôme et, à cette occasion, il eut à étudier quelques dessins laissés par Manetti, l'élève de Brunelleschi; le modèle qu'il présenta en collaboration avec le Cronaca et Baccio d'Agnolo fut accepté. Peu de temps après, il était nommé architecte en chef du Dôme, fonctions qu'il remplit pendant une année. Mais c'est surtout à l'église de San Spirito que le nom de G. da San Gallo est associé à celui de Brunelleschi. C'est lui qui a construit la belle sacristie de cette église (1489-1496), et il est certain que cette sacristie, par ses pilastres accouplés, par ses grandes niches, par la manière de marquer nettement l'ossature de l'édifice en opposant la couleur sombre de la *pietra serena* au blanc crépi des murs, est un dérivé direct de San Spirito et des autres œuvres de Brunelleschi.

Que G. da San Gallo ait beaucoup étudié cette église de San Spirito, que, plus que tout autre, il ait pénétré dans la pensée de Brunelleschi, nous en avons une preuve dans la célèbre discussion qui eut lieu en 1486, relativement aux portes de la façade. Sur l'avis de Giuliano da Majano, on décida de percer trois portes. Or, par une lettre adressée à Laurent le Magnifique, G. de San Gallo s'indigne d'une telle décision qu'il déclare contraire à la pensée de Brunelleschi lequel, selon lui, aurait projeté quatre portes pour sa façade. Cet avis de G. da San Gallo avait paru peu compréhensible jusqu'au jour où le prince Tommaso Corsini en donna l'explication. Le prince Corsini, étudiant les dessins de la Bibliothèque Barberini, remarqua un dessin de San Gallo qu'il reconnut comme étant un relevé du plan de Brunelleschi. Ce plan nous montre comment Brunelleschi, qui avait disposé ses lignes de colonnes sur tout le pourtour de l'église, avait été conduit à placer une colonne au centre de la façade et, par suite, à remplacer la porte centrale par deux portes. Si j'ai insisté sur ce petit détail, c'est parce qu'il montre que, vers la fin du xve siècle, G. da San Gallo connaissait mieux le style de Brunelleschi que tous les autres architectes florentins.

A ce titre d'être le continuateur de Brunelleschi, G. da San Gallo joint le mérite d'avoir été le plus grand architecte de son temps. Il fut pour Laurent le Magnifique ce que Brunelleschi avait été pour Cosme; et de même que l'art de Brunelleschi, par sa simplicité et par sa noblesse, représentait admirablement les idées de la première moitié du siècle, de même G. da San Gallo, par son art plus brillant, plus riche et plus sensuel, exprime avec la même clarté l'art du temps de Laurent le Magnifique. Brunelleschi est le frère de Masaccio et de Donatello, comme G. da San Gallo est le frère de Botticelli et de Verrocchio.

Malheureusement, G. da San Gallo n'est plus représenté à Florence par aucune œuvre capitale. De telle sorte que si nous connaissons admirablement les peintres et les sculpteurs, on peut dire que l'architecture du temps de Lorenzo nous est presque complètement inconnue.

Je conclus qu'en adoptant pour la façade de San Lorenzo le projet de San Gallo, on exécuterait un projet qui, plus que tout autre, se rapprocherait du style de Brunelleschi et qui, par surcroît, aurait le mérite de faire réapparaître à nos yeux un style d'architecture que nous ne connaissons plus.

Lorsque, après avoir étudié le projet de San Gallo, il me vint la pensée qu'il pourrait être choisi et exécuté pour la façade de San Lorenzo, mon premier soin fut de consulter M. de Geymuller, qui, par son goût si délicat et ses profondes connaissances, est la plus grande autorité que nous puissions invoquer pour tout ce qui concerne l'architecture toscane; j'eus le plaisir de l'entendre me répondre : « Mais il y a vingt-cinq ans que j'ai écrit qu'il n'y avait pas de meilleure solution pour la façade de San Lorenzo que d'adopter le projet de G. da San Gallo! » Je ne pouvais avoir un appui plus précieux et, sûr dès lors d'être dans la bonne voie, je pouvais me risquer à proposer ce projet à l'opinion florentine, comme je le fais en ce moment.

**
**

Avant d'examiner le projet de G. da San Gallo, jetons un coup d'œil sur la basilique et essayons de nous rendre compte des problèmes que soulève l'exécution de sa façade.

L'église actuelle est à trois nefs, avec des chapelles latérales. La première question qui se pose aux architectes est celle de savoir s'il faut accuser ou dissimuler cette disposition intérieure de l'église. Les architectes qui ont pris part au dernier concours se sont partagés sur cette question. Les uns, en cherchant des procédés divers pour rendre prédominante sur la façade la ligne des trois nefs de l'édifice, ont tenté de mettre d'accord la façade avec l'église telle qu'on suppose que Brunelleschi l'avait conçue. D'autres, par contre, ont pensé qu'il n'y avait pas à rechercher quels avaient pu être les plans primitifs, qu'il fallait se contenter d'obéir à ce qui avait été fait. Si l'on considère qu'une autre église de Brunelleschi, celle de San Spirito, a des chapelles, on peut dire qu'une façade faite pour une église à trois nefs avec chapelles ne s'éloigne pas des concepts que pouvait avoir Brunelleschi.

Voyons les conséquences de ces deux manières de voir. Si l'on fait une façade pour l'église avec chapelles, on est presque inévitablement conduit à adopter comme ligne principale la corniche qui s'étend au-dessus des chapelles et qui embrasse ainsi toute la largeur de l'édifice. C'est ce que nous appellerons l'*ordre mineur*. Si, d'autre part, on veut tenir les chapelles pour accessoires, si l'on veut mettre en lumière le type des trois nefs, on est porté à prendre, comme ligne principale, la corniche supérieure, celle qui domine les nefs latérales; dans ce cas, au lieu d'arrêter les colonnes ou pilastres à la corniche inférieure, on coupe cette corniche, on la fait franchir par les pilastres qui s'allongent et, d'un jet, vont atteindre la corniche supérieure. C'est ce que nous appellerons l'*ordre majeur*.

Il semble que ces deux idées soient également légitimes et
qu'elles puissent se prêter l'une et l'autre à des architectures
logiques et à des effets d'une grande beauté. Mais je ne veux pas
discuter cette question ; j'ai simplement voulu la faire connaître
afin qu'on pût se rendre compte du parti adopté par G. da San
Gallo.

San Gallo adopta l'ordre mineur. Dans les lignes inférieures
de sa façade, il englobe l'édifice tout entier, nefs et chapelles,
sans chercher à marquer la moindre subordination entre ces divers éléments[1]. Ce parti lui permet immédiatement de donner
à son œuvre un saisissant aspect de grandeur. Il lui permet de
développer harmonieusement un magnifique motif de trois portes
que séparent des groupes de colonnes enfermant des statues dans
des niches[2].

Je reviendrai plus loin sur les détails du plan de San Gallo ;
pour le moment je me contente de l'étudier dans ses lignes prin-
cipales, essayant de suivre sa pensée et de voir comment il a été
conduit logiquement à concevoir l'ordonnance générale de son
œuvre.

Ce premier parti qu'adopta San Gallo lui permit donc de développer sans difficulté une conception magistrale. Rien n'était
plus facile. Mais c'est à partir de ce moment que les difficultés
vont commencer. Pour suivre l'évolution de ses recherches, nous
avons la bonne fortune de posséder un autre projet de sa main,
moins fini que le projet que nous étudions et qui peut être con-
sidéré comme en étant une étude préparatoire.

Dans ce premier projet, il place au-dessus de l'ordre inférieur

---

1. Ce projet de San Gallo et les diverses façades qui ont été construites au
xvᵉ siècle nous prouvent que l'ordre mineur eut toutes les préférences des architectes florentins au cours de ce siècle. Au xviᵉ siècle seulement, l'ordre majeur
prévalut, surtout en dehors de Florence et entre les mains des architectes sou-
mis à l'influence d'Alberti. Ces idées ont été fort bien mises en lumière par
M. Supino dans son article sur la Facciata della Basilica di S. Lorenzo, publié
dans l'*Arte* (anno IV, fasc. VII).

2. Cette ordonnance de San Gallo a été imitée en France au Louvre et dans
un grand nombre de châteaux du xviᵉ siècle.

un second étage qui se moule sur la silhouette des nefs, s'adaptant très rigoureusement aux saillies des parties latérales. C'était
la logique, dans sa froide rigueur; c'était l'idée la plus naturelle
à concevoir. Mais les résultats en étaient bien peu satisfaisants

Fig. 1. — Dessin de Giuliano da San Gallo pour la façade de la Basilique de San Lorenzo[1].

au point de vue esthétique. La silhouette hachée, avec des res-
sauts monotones, ressemblait à un escalier. Le problème était
d'une extraordinaire difficulté et pour ainsi dire insoluble si l'on
voulait respecter absolument les lignes de l'édifice. Et c'est ici
une des plus géniales inventions du projet définitif de San Gallo.
Pour ce second ordre, au lieu de se limiter aux lignes des nefs

1. Cliché Alinari à Florence.

latérales, il le prolonge de façon à l'unir à l'ordre inférieur et lui donner à peu près la même étendue. Immédiatement, l'effet de grandeur qu'il avait déjà obtenu est redoublé. Sa façade prend un caractère de puissance exceptionnelle qui certes eût été bien fait pour obtenir les applaudissements de Brunelleschi[1].

Cela posé, San Gallo n'avait qu'à se féliciter des résultats obtenus; mais il n'avait fait qu'accumuler les difficultés pour ter-

Fig. 2. — Essai d'adaptation du projet de San Gallo à la Basilique de San Lorenzo[2].

1. Ce système de faire déborder en dehors de l'édifice quelques parties de la façade n'a jamais choqué les artistes italiens; on pourrait même dire qu'il n'est pas une seule des grandes églises italiennes où on ne le remarque pas. Michel-Ange l'a adopté au xvie siècle, comme Alberti l'avait fait au xve, comme l'avaient fait, au xive et au xiiie siècle, tous les architectes toscans. Sans discuter ce système avec les idées plus ou moins logiques dont nous avons la prétention de nous glorifier, il suffit de constater qu'il est un des traits les plus notables, les plus universels de l'architecture italienne ; et si, par hasard, il nous plaisait de ne pas penser sur ce point comme San Gallo, nous devons tenir son projet comme ayant un intérêt particulier, puisqu'il nous fait connaître l'opinion d'un des plus grands architectes du xve siècle sur une des questions capitales de l'architecture.

2. Cliché Alinari à Florence.

miner son édifice. La façade s'ordonnait superbement, avec un saisissant caractère de grandeur ; mais comment couronner ces masses, comment parvenir à terminer l'édifice d'une façon satisfaisante, puisqu'il n'avait plus à sa disposition que la partie supérieure de la nef centrale ; comment arriver à raccorder cette partie exiguë avec l'énorme bloc des étages inférieurs ? Pour résoudre la difficulté, San Gallo ne cherche pas à prolonger le fronton au-dessus de la nef ; il se contente d'en augmenter l'importance, en le couvrant de la plus riche ornementation. Il le fait si splendide que l'œil, quoi qu'il veuille et quelque intérêt que présentent les parties inférieures, va droit à ce couronnement où se pressent les colonnes et les statues, à ce fronton tout décoré de riches et puissantes moulures, à ce tympan si somptueusement orné d'un beau motif de figures couchées qui soutiennent les armes du Pape.

Mais cela n'était pas encore suffisant et c'est ici que San Gallo trouve la solution idéale, solution sans laquelle sa façade, malgré toutes ses beautés, ne se tiendrait pas. San Gallo augmente l'importance de son fronton, il en prolonge l'effet, il fait plus que le doubler par la statue dont il le surmonte. Ce n'est pas une statue de dimensions ordinaires, c'est un véritable colosse que cette statue du Pape Léon X que supporte le plus riche et le plus énorme piédestal qu'un sculpteur ait jamais dressé sur le sommet d'une église.

Cette statue terminale étant imaginée, il suffisait d'établir sur les angles du fronton deux autres statues plus petites et la solution était trouvée. Le couronnement de l'édifice avait pris la puissance nécessaire pour se raccorder aux parties inférieures.

Il ne restait plus qu'une difficulté, il n'y avait plus qu'une imperfection dans cette façade : c'était l'angle, le vide énorme que produisait la rencontre des lignes verticales de cet étage avec l'horizontale inférieure. Cette difficulté fut résolue par San Gallo avec une grâce incomparable, avec une prestigieuse habileté, par la simple adjonction de statues sur l'étage inférieur ; non pas d'une seule statue, ce qui eût été un peu grêle, mais de deux statues, ce qui forme un motif d'un ampleur suffisante et qui a l'avantage de correspondre logiquement aux deux colonnes de l'ordre inférieur.

Ainsi, tout est résolu. L'édifice a perdu l'aspect de ces lignes anguleuses qui était si déplaisant, et si l'on joint, par une ligne idéale, les statues les unes aux autres, acte que notre œil accomplit inconsciemment, on voit que l'édifice tout entier est englobé dans deux lignes qui le couronnent comme un fronton.

*
* *

Après avoir étudié le projet de San Gallo dans sa conception générale, il nous reste à l'étudier dans ses détails et à montrer comment, dans toutes les particularités, il se rattache à la doctrine de Brunelleschi.

I. *Horizontalisme des lignes.* — Le premier trait qu'il faut noter dans l'œuvre de G. da San Gallo est la prédominance des lignes horizontales. Par là, il est l'héritier direct de Brunelleschi, le véritable continuateur de sa doctrine. La réforme de Brunelleschi a consisté à substituer aux lignes verticales de l'architecture gothique les lignes horizontales de l'architecture antique. L'architecture antique, par ses horizontales, était l'expression logique d'une société préoccupée avant tout de la nature et de la vie terrestre, tandis que les verticales de l'art gothique indiquent la direction nouvelle des esprits qui oublient le séjour passager de nos âmes sur la terre pour s'attacher à la contemplation du ciel.

Ce caractère d'horizontalisme, si marqué dans la terminaison de la chapelle Pazzi, est précisément un des traits essentiels de la façade de San Gallo. L'horizontale de la longue corniche de l'étage inférieur, renforcée et rendue encore plus tyrannique à l'œil par l'horizontale du second étage, donne à cette œuvre un caractère tout à fait particulier, qui nous dit que nous sommes ici aux premières heures de la Renaissance, en présence de l'œuvre d'un Florentin qui suit la pure doctrine de Brunelleschi.

II. *Mur lisse.* — Un des traits les plus caractéristiques de l'architecture florentine est le manque de reliefs dans le mur des façades. Lorsque les Toscans, au xiiie siècle construisent les basiliques de San Miniato, de la Badia, de San Salvatore, basiliques couvertes en bois, dont la toiture, par conséquent, n'exige pour être portée que des murs très légers, ils n'éprouvent pas le besoin de renforcer ces murs par des contreforts. La surface lisse des murs s'impose à l'architecte qui ne cherche pour les décorer que des peintures, des mosaïques, des matériaux polychromes. Ce système ne cessa jamais d'avoir la faveur des architectes florentins. Il fut adopté par Arnolfo di Lapo dans son projet pour Sainte-Maria del Fiore et c'est à ce système que restent fidèles tous ses successeurs, alors même que les modifications qu'ils apportent à l'édifice, pour lui donner un caractère plus gothique, eussent dû les obliger à modifier sur ce point les traditions florentines.

Or, ce système des murs lisses qui était une conséquence du style basilical, système que les gothiques florentins ne purent se résoudre à abandonner, devait inévitablement être un des éléments primordiaux de l'art de Brunelleschi, soit parce qu'il suivait la tradition des architectes du Dôme, soit parce qu'il reprenait pour ses édifices le type des basiliques, le type des édifices couverts en bois, aux murs légers. Sur ce point, la façade de la chapelle Pazzi est extrêmement significative, soit par la surface lisse de l'attique du portique, surface énorme à peine décorée de quelques pilastres et de quelques croisillons à saillies très légères, soit, plus encore, par la magnifique façade de la chapelle elle-même, où se développent si harmonieusement, sur une surface sans saillie, la porte, les fenêtres et les pilastres.

A l'opposé de ce système, au moment où Brunelleschi crée à Florence l'architecture de la Renaissance, un autre architecte, Alberti, dans un autre milieu que le milieu florentin, adopte une solution différente, en prenant pour base de son architecture non plus la basilique, mais les grandes constructions romaines. Alberti veut voûter ces édifices que Brunelleschi s'était contenté de couvrir en bois ; de là, chez lui, tout un système nouveau de murs épais, où les fortes saillies sont nécessaires et deviennent

un des éléments primordiaux de la construction et de l'ornement. C'est dans ce système qu'il construit le Temple de Rimini
et S. Andrea de Mantoue, et c'est ce système qu'il adopte dans
sa façade de Santa Maria Novella, apportant ainsi à Florence une
nouveauté qui choquait les habitudes florentines et qui ne fut pas
suivie.

Il est très intéressant de constater que G. da San Gallo, même
à la fin de sa vie, lorsqu'il dessinait en 1516 son projet pour la
façade de S. Lorenzo, n'a rien adopté des idées d'Alberti et qu'il
est resté fidèle aux doctrines de Brunelleschi comme s'il avait été
un disciple direct de ce maitre. L'étage inférieur de sa façade
n'est autre, en effet, que le développement de la façade de la chapelle Pazzi. Les colonnes se sont simplement substituées aux
pilastres, les niches aux fenêtres; c'est le même mur lisse, la
même porte sans saillie, montant jusqu'à la corniche, la même
absence de socles au-dessous des colonnes, la même magnifique
alternance de la porte, des niches et des colonnes. On ne peut
dire que cette partie soit une copie de l'art de Brunelleschi, car
l'art de Brunelleschi eût été sans doute plus simple, mais c'est
l'art de Brunelleschi tel que nous concevons qu'il pouvait
devenir entre les mains d'un grand artiste qui aurait été son
élève.

III. *Absence de piédestaux.* — Une des conséquences de ces
deux systèmes fut, chez Brunelleschi, le maintien de pilastres de
hauteur moyenne, partant directement de terre, et, chez Alberti,
l'adoption de pilastres énormes qu'il éprouva le besoin de sou-
tenir par de robustes piédestaux. Alberti, s'inspirant des arcs de
triomphe romains, adopte les piédestaux à S. André de Mantoue
et à Sainte-Marie Nouvelle, tandis que Brunelleschi les proscrit
au Palais du Parti Guelfe et à la chapelle Pazzi. C'est cette tradition de Brunelleschi que G. da San Gallo conserve dans sa
façade et dont il tire un si puissant effet en élevant ses colonnes
du socle jusqu'à la corniche, sans aucune interruption qui en
affaiblisse l'effet.

IV. *Simplicité des portes.* — Dans le système gothique, les

murs ont une telle épaisseur que toute ouverture prend néces-
sairement une importante extraordinaire. Il a fallu décorer ces
ouvertures et, par la force des choses, elles sont devenues un
des éléments primordiaux de la décoration des façades. Dans le
système basilical, au contraire, les murs sont minces; les ouvertures discrètes ne peuvent constituer qu'un des éléments secon-
daires du décor. C'est en cela encore que la façade da San Gallo
est si pleinement représentative de l'esprit florentin. Elle est la
suite non seulement de l'art de Brunelleschi, mais de l'art
d'Arnolfo di Lapo et des architectes qui ont construit la Badia
de Fiesole et la basilique de San Miniato. Il s'éloigne nettement
de l'art d'Alberti qui, à Rimini, à Mantoue et à Florence, met
sur sa façade des ouvertures immenses semblables à des arcs de
triomphe.

Nous remarquerons incidemment que la Porte de G. da San
Gallo ne comprend, ni sur la frise, ni sur le tympan, aucune figure
sculptée, différant en cela de la Porte de Brunelleschi à la chapelle
Pazzi et de la Porte de Michelozzo au noviciat de Santa-Croce.
Et cela a sa raison. A la chapelle Pazzi, dans une façade toute
petite, où les murs n'ont reçu aucune représentation figurée, on
comprend très bien que l'artiste mette au sommet de sa porte
une petite figure, qui a d'autant plus d'importance qu'il n'y en a
pas d'autre sur toute la façade. Mais dans un grand édifice, tel
que celui de San Gallo, où les formes architecturales se développent avec tant d'ampleur, où l'esprit est attiré par les magnifiques
statues qui le décorent, le rôle de la porte perd de son importance
et l'on comprend très bien que l'artiste l'ait réduite à la simple
fonction d'un motif architectural. Devant toute la grandeur de
ces colonnades, de ces niches, de ces statues, un petit bas-relief
placé dans le tympan ou une suite de têtes de chérubins décorant la frise seraient des motifs trop insignifiants, en dehors de
l'échelle du monument.

Je pense que cette Porte n'a été indiquée sur le plan de San
Gallo que dans ses lignes générales. Il est probable qu'elle devait
être légèrement ornée. Pour l'exécuter, on n'aurait qu'à copier

les portes intérieures de la Madone delle Carceri qui sont exactement du même modèle architectural et dont le fronton et les chambranles sont couverts d'ornements.

V. *Colonnes accouplées.* — Ces colonnes accouplées sont certainement la suite, le développement logique des pilastres accouplés qui ont été un des motifs favoris de Brunelleschi et de ses élèves. San Gallo, pour trouver une place à ses niches, sépare légèrement les colonnes, mais pour maintenir l'union il a recours à un gracieux ornement qui répète et joint les chapiteaux entre eux. Ce n'était là qu'un souvenir des formes gothiques dont la Porte des Chanoines et la Porte de la Mandorla, au Dôme, avaient donné de délicieux exemples.

VI. *Balustrade.* — La balustrade est un motif qui n'existe pas dans l'ancien art florentin. Sa première apparition se trouve peut-être au Palais Pitti de Brunelleschi. En effet, la balustrade est le décor d'un balcon, d'une fenêtre, d'une loggia largement ouverte sur la rue. Or, à Florence, au moyen âge, les palais sont des forteresses, des murailles de fer toujours closes. On s'enferme, on ne met pas les yeux à la fenêtre, car ce qui se passe dans la rue est chose dont il faut toujours se méfier. En revanche, la balustrade est vénitienne. Dans cette ville où la sécurité intérieure est complète, où les maisons sont tout en fenêtres, partout règnent le balcon et la balustrade. C'est le décor indispensable de toutes les façades. On conçoit que lorsque Brunelleschi construisit le palais Pitti et que, faisant non plus le palais d'un grand seigneur du xiv⁰ siècle, mais le palais d'un riche banquier du xvi⁰ siècle, il ait voulu mettre quelque agrément sur sa rude façade et que, pour cela, il ait songé au balcon et à la balustrade. Ce motif n'eut pas grande vogue à Florence ; mais il est très intéressant de le retrouver dans ce projet de San Gallo et c'est un argument nouveau pour affirmer que ce maître était plus que tout autre nourri de la pure doctrine de Brunelleschi.

VII. *Niches.* — La niche est un motif qui ne convenait pas à l'esprit de la primitive architecture florentine, à l'architecture de style basilical, dont les murs légers n'ont pas la profondeur nécessaire pour recevoir des niches. La niche est réapparue dans l'art avec le style roman et le style gothique. C'est une des formes les plus logiques que puissent concevoir les maîtres gothiques pour donner un peu de légèreté, de variété et de couleur aux énormes masses de leurs édifices. Il me semble que les premières niches faites à Florence sont celles d'Andrea Pisano au campanile (1336), bientôt suivies par les premiers tabernacles d'Or San Michele (1340). Mais, au Dôme, les architectes se refusent à adopter les niches, parce qu'elles jureraient avec le style de l'édifice et parce qu'elles pourraient en compromettre la solidité. Au Dôme, lorsqu'on emploie des statues, on les applique à l'extérieur des murs et on les entoure d'un tabernacle saillant. C'est un système très différent de la niche. Les niches, cependant, finissent par être adoptées. En 1415, quatre niches sont ouvertes au bas de la façade pour recevoir les statues des Évangélistes.

Or, et c'est ici que la question devient intéressante pour nous, Brunelleschi, dans ses tribunettes du Dôme, emploie le motif de la niche, et non pas même pour recevoir des statues, mais simplement pour le motif en lui-même, pour son bel effet d'ombre et de lumière. Ce motif, que Brunelleschi reproduira plus tard dans la Lanterne du Dôme et à l'intérieur de San Lorenzo, ne tarda pas à devenir un des éléments favoris de l'architecture du xv⁰ siècle. Nous le trouvons à la Misericordia d'Arezzo (1433), à San Agostino de Montepulciano (décade de 1430), à la cathédrale de Pienza (1459), à S. André de Mantoue (1462), à S. Agostino de Pérouse (1461), etc. C'est un motif décoratif que Ghiberti emploie dans sa seconde Porte, Donatello à la Tombe du cardinal Coscia, J. della Quercia aux Fonts baptismaux de Sienne.

En conservant ce motif et en le développant, en lui donnant une importance beaucoup plus grande que ne l'eût fait Brunelleschi, on peut dire que san Gallo suivait la tradition de ce maître et des architectes florentins du xv⁰ siècle. Son projet est la véritable transition entre les premières œuvres du xv⁰ siècle, où les niches et les statues ne sont employées qu'avec une certaine timidité, et les façades du xvi⁰ et du xvii⁰ siècle où elles finissent par prendre une telle importance qu'à un moment elles semblent vouloir détruire toute forme architecturale.

VIII. *Statues sur les frontons.* — Que faut-il penser du motif des statues décorant le sommet des édifices? C'est un motif très ancien. Fort en faveur dans l'antiquité, il subit une éclipse au moyen âge, mais ne tarda pas à être repris et considérablement développé par l'art gothique. Les statues convenaient admirablement pour terminer les pinacles et toutes les parties ascendantes de l'édifice; elles en achevaient, en prolongeaient le verticalisme. La peinture du *Cloître des Espagnols* nous prouve que les architectes florentins de la seconde moitié du xive siècle projetaient de couvrir de statues la façade et les flancs du Dôme.

Nous ne pouvons pas savoir ce que Brunelleschi pensait de ce motif, puisque nous n'avons de lui aucune façade d'église, mais rien ne peut faire supposer qu'il y eût renoncé. A défaut d'églises de Brunelleschi et des architectes ses contemporains, nous pouvons consulter les divers monuments sculptés, tombes, fonts baptismaux, autels, etc., et partout nous trouvons ce motif en grande faveur.

Le motif de statues surmontant les pinacles est tellement en faveur, il est si tyrannique que, pendant longtemps, il empêche le fronton d'atteindre son développement normal. Au lieu de s'étendre sur toute la partie du monument qu'il devrait recouvrir, au lieu de remplir sa fonction logique qui est d'être un toit, il se fait d'abord tout petit, pour laisser une place aux pinacles, pour ne pas entraver leur développement et leur couronnement par des statues. C'est une très jolie forme de transition que l'on observe dans tous les monuments faits dans le second quart du xve siècle. Une solution très bizarre, mais extrêmement originale, est celle imaginée par Donatello, dans l'*Annonciation* de Santa-Croce. Il place le fronton sur le monument tout entier, mais, sur les côtés, il donne à la corniche un prolongement très saillant, tel qu'il n'y en a pas, je crois, d'autre exemple dans l'art; et cela, à seule fin de pouvoir placer deux statues aux côtés du fronton. Par ce moyen bizarre, il atteint ce résultat de donner au fronton ses dimensions logiques, tout en conservant le motif des statues latérales.

Le triomphe du fronton romain, il est vrai, devait avoir pour conséquence de diminuer et de supprimer cet emploi des statues comme couronnement des édifices; sur ce point il y eut, entre l'art classique et l'art chrétien, une lutte dont nous pouvons fort bien suivre les diverses phases dans l'évolution de l'architecture.

La façade de G. da San Gallo est, dans cette histoire, un des documents les plus intéressants; à ce titre seul elle mériterait d'être exécutée. Elle nous montre ce que pense sur cette question un Florentin, disciple de Brunelleschi, architecte de Laurent de Médicis.

Cette façade, si curieuse par l'importance attribuée dans les parties inférieures aux lignes horizontales, se rattache à la tradition gothique et chrétienne par son couronnement de statues. Elle nous dit très nettement, ce que l'on est parfois porté à oublier, que la Renaissance n'a pas rompu tous les liens qui rattachaient le xve siècle au moyen âge. Elle nous dit que l'architecture, tout en adoptant les formes antiques, reste dans ses traits essentiels une architecture chrétienne. Quelque modification qu'apporte l'art antique, il ne pourra pas faire qu'une église du xvie et du xiie siècle ne ressemble pas davantage à une église du moyen âge qu'à un temple grec ou romain. Ceci est la conséquence de ce fait que la Renaissance fut une modification, mais non une révolution sociale. Un simple projet d'église tel que celui de San Gallo, si on sait l'interroger, peut être le plus éloquent des livres d'histoire.

Une église sans peintures ni statues, ce ne serait plus une église chrétienne. Il faut que les pierres ne se dressent pas devant nous, simples murailles; il faut qu'elles nous parlent, qu'elles instruisent notre âme et enchantent notre cœur. Une église chrétienne sera toujours un livre que les sculpteurs et les peintres écriront dans cette langue universelle que toutes les intelligences et tous les peuples peuvent comprendre.

Je m'arrête. Je pourrais discuter encore bien des questions, notamment celle de la polychromie qu'il conviendra d'étudier avec soin lorsqu'on exécutera le projet de San Gallo, mais je ne veux plus dire qu'un mot, insister sur cette statue qu'il place au sommet de son monument et qui est celle de Léon X.

Dans cette basilique où les moindres pierres disent la gloire des Médicis, dans ce lieu sacré que Brunelleschi a construit sur les ordres de Cosme, où tous les Médicis dorment dans les sarcophages sculptés par Donatello, Verrocchio et Michel-Ange, et où leur âme revit dans les livres précieux de la Laurentiana, il semble que nulle figure n'était plus faite pour occuper la place d'honneur que cet homme qui eut la triple gloire d'être un Médicis, un Pape et l'Apôtre de la Renaissance..... Et j'ajouterai que, pour terminer une telle basilique, il semble qu'un seul artiste soit vraiment digne d'être choisi, qu'un seul soit digne de tendre la main à Brunelleschi et à Michel-Ange, un seul, ce Giuliano da San Gallo qui fut l'ami de Botticelli et de Verrocchio et qui fut l'architecte favori de Laurent le Magnifique et de Léon X.

En terminant, je crois devoir ajouter quelques observations relatives au dessin en perspective que je publie (fig. 2). Je remercie son auteur d'avoir ainsi fait voir très clairement combien le projet de G. da San Gallo s'adapte admirablement à la basilique de San Lorenzo.

Mais ce dessin présente quelques imperfections de détail, quelques modifications que je crois devoir signaler, modifications qui, toutes, ont enlevé quelque chose à la beauté du projet de San Gallo. Ce qui prouverait une fois de plus avec quel soin ce projet avait été dessiné, avec une perfection telle dans tous les détails, qu'on ne saurait en modifier un seul sans nuire à l'ensemble.

Dans la partie supérieure de la façade, une série de petites modifications en ont altéré le caractère de grandeur. M. X***, animé sans doute par un désir de logique exagérée, raccorde sa corniche terminale avec celle des flancs. Or, San Gallo ne voulait pas le faire. Il trouve la corniche latérale trop faible et, pour sa façade, il en adopte une aux lignes plus puissantes. Ce faisant, il n'agit pas autrement que la plupart des architectes italiens ; il agit comme Alberti à Santa Maria Novella. Le parti qu'il adopte est irréprochable, soit dans son principe, soit dans la mesure avec laquelle il l'applique.

Cette modification de M. X*** ne lui permet pas de donner aux moulures du fronton l'importance qu'elles ont dans le projet de San Gallo. Il est conduit, faute de place suffisante, à supprimer les admirables ornements dont San Gallo avait décoré ces moulures. Par une autre négligence, M. X*** supprime le décor de la moulure qui sépare la frise de l'architrave et celui de la moulure qui relie les niches. Ainsi, toute cette partie terminale semble un peu effacée, un peu froide, par comparaison avec le projet de San Gallo, si étoffé, si éclatant, dont la richesse couronne admirablement le brillant ensemble de son édifice.

En outre, le piédestal et la statue de Léon X n'ont pas conservé leurs dimensions gigantesques. Cet ensemble est trop petit ; la proportion entre la statue de Léon X et les figures de Vertus placées sur les angles du fronton n'est pas conservée. Du reste, toutes les statues ont été trop diminuées.

Dans la partie inférieure du dessin en perspective, je note tout d'abord le raccourcissement des parties latérales. Ici encore, poussé sans doute par la même idée qui lui a fait diminuer le fronton, afin de ne pas dépasser les lignes des parties latérales de la basilique, M. X*** diminue la partie qui accompagne les colonnes terminales et cela a des conséquences bien fâcheuses. La colonne n'est plus encadrée, comme il convient, par une bordure suffisamment large. En outre, au sommet de cette partie latérale, il n'y a plus de place, ni pour le retour de la balustrade, ni pour les triglyphes, ni pour la guirlande qui accompagne les chapiteaux. Enfin, cette partie, ainsi rétrécie, se trouve presque sur le même plan que les lignes latérale du second étage et c'est là un effet d'une grande monotonie. Or, dans le projet de San Gallo, il y a, entre ces deux parties, une saillie, saillie non excessive, mais suffisante, qui met dans l'édifice une variété, une légèreté, là où l'on pouvait craindre quelque lourdeur.

En faisant déborder légèrement sa façade sur les flancs, G. de San Gallo ne commet pas une erreur architecturale, bien au contraire. Un édifice ne se construit pas comme si l'on prenait une feuille de papier que l'on replie ; une saillie, qui masque légèrement les flancs, qui accentue la prépondérance de la façade est une beauté incontestable qui ne viole aucun principe d'architecture.

Voici encore quelques petites observations de détail, moins importantes, mais intéressantes à noter, car, comme les précédentes, elles nous permettent de pénétrer plus avant dans la compréhension du projet de San Gallo.

M. X*** fait reposer son édifice sur deux marches, tandis que, dans le projet de San Gallo, il n'y en a qu'une. C'est peu de chose, et cependant c'est un détail qui nous montre combien l'art de G. da San Gallo se rapproche de celui de Brunelleschi. Brunelleschi n'aime pas les soubassements ; dans toutes ses constructions nous voyons qu'il aime relier intimement son édifice au sol, cherchant par là à lui donner plus de grandeur. C'est sans doute le même esprit qui avait conduit les architectes doriens à ne pas donner de bases à leurs colonnes.

Dans le dessin des portes mineures, M. X*** commet une erreur en répétant le motif de la porte centrale. Cette répétition de formes donne à l'ensemble une grande monotonie et c'est là une faute que G. da San Gallo n'avait pas commise. G. da San Gallo adopte pour les portes mineures un type différent de la porte centrale ; il est si préoccupé de cette nécessité que son projet nous offre sur ce point deux variantes, l'une avec un fronton convexe, projet qui me paraît excellent, l'autre avec des consoles soutenant le fronton. Ce second système, qui en lui-même est très beau et qui eut un grand succès plus tard, ne me paraît pas ici à sa place, car il donnerait aux portes mineures un aspect plus riche qu'à la porte centrale, ce qui ne doit pas être.

Malgré toutes ces observations, le projet en perspective que nous reproduisons est extrêmement intéressant et je suis persuadé qu'il contribuera à éclaircir la question si importante de la construction d'une nouvelle façade pour San Lorenzo.

Depuis que j'ai traité pour la première fois ce sujet dans le *Marzocco* (27 août 1905), le projet de G. da San Gallo a eu la fortune de préoccuper tous ceux qui s'intéressent aux questions artistiques. Le projet a soulevé de vifs enthousiasmes et a rencontré quelques contradicteurs [1]. La question est si belle, si passionnante, elle nous élève si haut dans les sphères sereines de l'art ! Tous ici nous sommes unis dans un seul désir, adopter la solution la meilleure pour ne pas défigurer, pour embellir si c'est possible l'œuvre sublime de Brunelleschi.

Pour ma part, je ne saurais trop exprimer le vœu que la question soit étudiée sous tous ses aspects, que ma proposition soit discutée, combattue, violemment contredite. Il importe que lorsque le Comité de San Lorenzo aura à prendre une décision, il puisse le faire en connaissant tous les arguments qui peuvent l'éclairer.

Les pages de cette *Revue* et celles du *Marzocco* sont ouvertes à toutes les communications qui pourront leur être faites sur ce sujet.

1. Voir notamment les *Débats* du 11 oct. (article de M. André Michel), le *Marzocco* du 3 sept. (article de M. Alexandre Chiapelli), la *Gazzetta di Trevisio* du 28 sept. (article de M. Luigi Coletti), le *Giornale d'Italia*, du 7 sept. (article de M. Maffio Maffi), du 13 oct. (article de M. Carlo Cari), du 27 oct. (article de M. Arnaldo Ginevri) et du 14 nov. (article de M. le Prof. Castellucci), *La Vita* du 25 oct. (article de M. Ugo Ojetti) le *Marzocco* du 29 oct. (article de M. Vittorio Corcos), *La Perseveranza* du 20 nov. (article de M. Ugo Monneret de Villard).

Angers. — Imp. A. BURDIN et Cᵉ, 4, rue Garnier.